PRÉPARER LA VENUE DE VOTRE BÉBÉ

Conseils pour bien vivre la grossesse
et l'arrivée du nouveau-né

Par Dominique van der Kaa
Sous la direction de Carole Bloch

50MINUTES.fr

COMMENT ACCUEILLIR BÉBÉ ?

- **Problématique ?** Vous voilà enceinte, tout à la joie de ce bébé à venir. Malgré tout, les inquiétudes surgissent et les questions se bousculent : comment vais-je faire pour bien accueillir cet enfant à la maison ? Que faut-il que je lui prépare avant qu'il n'arrive pour qu'il se sente bien au sein de la famille ? Comment vais-je m'organiser quand il sera là ?
- **Objectif ?** Bien que ce livret s'adresse en priorité à la future maman, son objectif est d'aider les deux parents à préparer, matériellement et psychologiquement, la venue de leur bébé à naître afin de l'accueillir dans les meilleures conditions.
- **FAQ ?**
  - Quand annoncer sa grossesse à son employeur ?
  - Comment choisir son pédiatre ?
  - Quand inscrire son bébé à la crèche ?
  - Comment surmonter le baby blues ?
  - Comment m'organiser si j'ai des jumeaux ?
  - Que se passera-t-il si mon bébé est prématuré ?
  - Quels sont les vaccins obligatoires pour les bébés ?
  - Comment préparer les frères et sœurs à l'arrivée de bébé ?
  - Comment préparer son chien à l'arrivée de bébé ?

Accueillir bébé, c'est déjà lui offrir une grossesse pleine d'amour et de bienveillance. C'est aussi anticiper ses futurs besoins, afin de bien se préparer à cette extraordinaire aventure qu'est l'arrivée d'un enfant au sein d'un couple ou d'une famille. Les parents en devenir trouveront ainsi dans cet ouvrage toute une série de conseils pour les aider à aménager leur logement, prévoir tout ce qui sera nécessaire pour le nouveau-né, et vivre au mieux la période de la grossesse, afin d'être psychologiquement prêts à accorder au bébé leur temps et leur attention. Nous tenterons également d'apporter quelques réponses aux interrogations qui se présentent souvent lors des semaines précédant et suivant la naissance.

VIVRE SA GROSSESSE ET PRÉPARER SON ACCOUCHEMENT

LE BIEN-ÊTRE AVANT TOUT

Même si la grossesse n'est pas une maladie, dès sa confirmation, il est conseillé à la femme enceinte de se faire suivre par un gynécologue. Le bonheur de votre bébé commence par votre bien-être. Prenez soin de vous : mangez équilibré, ayez la main légère sur les graisses, sucreries et boissons sucrées afin d'éviter une prise de poids excessive et buvez un litre et demi d'eau par jour. Comme activités physiques, préférez la marche, la natation, la gymnastique aquatique, la gymnastique spéciale grossesse et évitez les sports plus violents. Levez le pied autant que possible dans votre travail, vos déplacements, vos sorties.

BON À SAVOIR

L'état psychologique de la maman a une influence très importante sur son bébé. Essayez de prendre un peu de temps pour vous, pour vous relaxer, être le plus détendu possible.

Par ailleurs, tabac et alcool sont à bannir durant votre grossesse, car ils traversent la barrière placentaire et intoxiquent votre futur bébé.

Le futur papa doit aussi trouver sa place dans cette aventure. Lui aussi a des angoisses. Demandez-lui s'il souhaite vous accompagner aux consultations prénatales, à certains cours de préparation à la naissance. Bien entendu, vous vous investirez sans doute à deux dans la préparation de la chambre, mais ne vous arrêtez pas là : lisez ensemble des livres expliquant la grossesse, l'accouchement et traitant des premiers gestes et soins à avoir avec votre bébé, etc.

Certaines maternités proposent des cours de préparation à la naissance. Ces cours offrent des séances d'information sur la grossesse, le déroulement de l'accouchement et la période postnatale. Ils permettent ainsi à la future maman – et éventuellement aussi au futur papa – de diminuer l'angoisse de l'inconnu de l'accouchement. Vous y apprendrez quelques exercices musculaires et respiratoires que vous pourrez pratiquer chez vous et qui vous aideront tout au long de la grossesse et de l'accouchement. Ces cours sont collectifs et conviviaux. Les futurs parents y obtiennent des réponses à leurs questions, y rencontrent d'autres couples attendant un bébé et peuvent ainsi créer des liens et une certaine complicité avec eux. Vous prendrez aussi confiance en votre capacité de devenir parents.

Sophrologie, yoga, préparation aquatique, chant prénatal, haptonomie, etc. sont d'autres possibilités, suivant votre tempérament ou vos aspirations. Ces méthodes proposent différents outils pour prendre conscience de votre corps et de ses tensions. Elles instaurent une sensation de bien-être et de détente musculaire tout en offrant un moment privilégié de contact et d'échange avec le bébé à naître.

En outre, pour être bien dans sa tête et dans son corps, de la gymnastique douce et des exercices de respiration simples peuvent être réalisés à la maison. Avant de les pratiquer, parlez-en à votre gynécologue au cours d'une visite pour être sûre de ne pas avoir de contre-indication. Lors des exercices, ne forcez jamais et ne bloquez pas votre respiration.

Suggestions d'exercices très doux	
Exercices de respiration	**Exercices de gymnastique**
• Respirez profondé-ment pendant une dizaine de minutes. Plus vos mouvements seront amples, plus ils solliciteront de muscles. • Inspirez, gonflez votre ventre, puis expirez lentement en rentrant le ventre tout en douceur. • Mettez-vous à 4 pattes avec les jambes légèrement écartées, les bras tendus, les mains à plat et le dos bien droit. Inspirez puis faites le dos rond tout en expirant. Répétez l'exercice 5 à 10 fois.	• Allongez-vous au sol sur le dos, les bras le long du corps, les genoux fléchis et les plantes des pieds à plat sur le sol. Soulevez les 2 pieds, rabaissez. Répétez 5 fois. • Assise en tailleur avec le dos bien droit, poussez légèrement les genoux vers le bas avec vos mains tout en expirant. Répétez 5 fois.

PRÉPARER LE SÉJOUR À L'HÔPITAL

Ne tardez pas non plus à choisir votre maternité. Celle-ci doit pouvoir proposer non seulement une équipe obstétricale, mais également un accueil personnalisé à dimension humaine ainsi qu'un certain confort « hôtelier ». Le bouche-à-oreille pourra vous aider dans votre choix, mais si vous avez déjà un gynécologue-obstétricien, il semble naturel qu'il suive votre grossesse et il vous proposera certainement la maternité où il travaille ou une maternité avec un service de néonatalogie dans l'éventualité d'un problème à la naissance.

Pensez qu'il est parfois nécessaire de s'inscrire tôt dans certaines maternités. Lors de cette demande d'inscription, n'hésitez pas à demander pour visiter le service et apprendre son mode de fonctionnement (techniques d'accouchement, présence ou non d'un pédiatre, etc.).

N'attendez pas les premières contractions pour préparer la valise que vous emporterez à l'hôpital. L'idéal est de la faire un mois avant la date prévue de l'accouchement. La plupart des maternités fournissent une liste de matériel utile pour la maman et son bébé. Sinon, faites une petite check-list avec votre conjoint afin d'être sûrs de ne rien oublier. Par ailleurs, organisez-vous pour que durant les premières semaines après votre retour de la maternité, vous soyez un peu soulagés dans vos différentes tâches : demandez de l'aide à la famille et aux amis remplissez votre congélateur avant de partir, faites des réserves de produits de toilette, de couches, etc.

PRÉPARER L'UNIVERS DE BÉBÉ

Pour accueillir votre tout-petit à la maison, pensez à créer un endroit chaleureux où il se sentira bien, qui pourra encourager son autonomie et l'inviter à s'éveiller en toute sécurité. Il faut que cet environnement lui donne envie de découvrir et de s'intéresser à tout ce qui l'entoure.

L'idéal est de tout préparer bien avant la naissance. Cela vous permettra non seulement d'être disponible et de pouvoir consacrer toute votre attention à votre nourrisson, mais aussi de pouvoir laisser aérer la chambre et le mobilier acheté durant quelque temps (au minimum un mois) avant l'arrivée de votre bébé et de limiter les effets des éventuels polluants utilisés pour leur fabrication.

Vous aurez le choix entre du matériel neuf ou de seconde main, mais quoi qu'il en soit, ce matériel devra veiller au confort de votre enfant et être adapté à son âge, à son développement. Soyez particulièrement vigilant quant à sa santé (attention aux peintures toxiques !) et à sa sécurité. Ainsi, préférez des jeux aux normes européennes, voire françaises. Apprenez à manipuler tout nouvel équipement avant d'y installer votre enfant et vérifiez régulièrement son état d'usure. Bien entendu, il s'agit également de vous pourvoir en objets qui vous plaisent et répondent à vos propres besoins (facilité d'emploi, budget, espace disponible dans le logement, etc.). Sachez notamment qu'il existe des meubles évolutifs qui vous permettent de ne pas vous ruiner en mobilier.

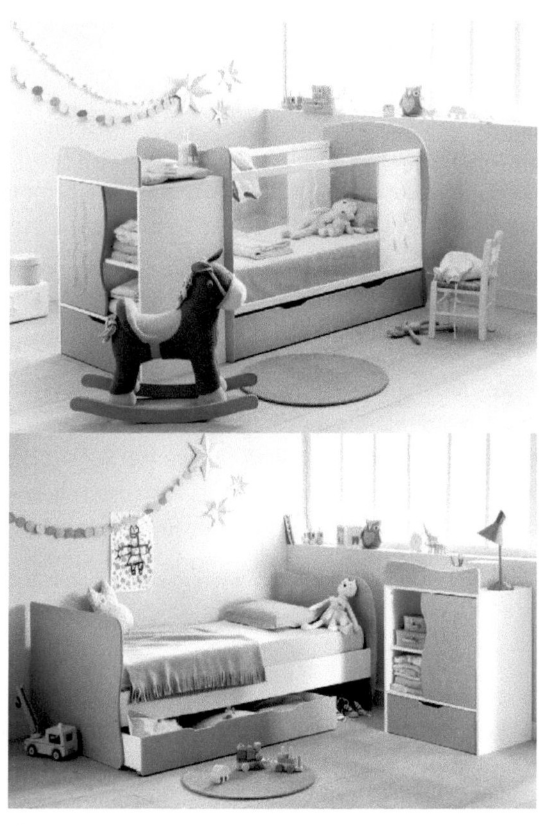

Lit évolutif

LA CHAMBRE

Aménagement de la pièce

Bébé y passera du temps et la chambre deviendra vite son domaine, il est donc primordial que cette pièce comprenne tout ce dont il aura besoin dès son arrivée dans le logement.

Choisissez une pièce au calme, si possible côté jardin pour que votre nourrisson puisse écouter le chant des oiseaux, le bruissement des feuilles dans le vent, etc. La température idéale de la chambre sera de 18 à 20°C. Créez une ambiance calme et apaisante en privilégiant des murs unis aux tons pastel. Vous pouvez opter pour un plafond blanc cassé qui assurera une lumière plus chaleureuse. Ne surchargez pas les murs de décorations ; choisissez plutôt quelques objets attirants pour votre enfant, en veillant à ce qu'ils soient adaptés à sa taille et à son développement. Si possible, évitez la moquette au sol qui est un véritable nid à acariens, ainsi que le carrelage qui est froid aux pieds et dur en cas de chute. Préférez un linoléum ou un faux parquet stratifié facile d'entretien.

Pensez par ailleurs assez rapidement à éradiquer tout danger en plaçant des protections sur les prises électriques, des rembourrages spéciaux pour les angles des meubles, des taquets de blocage de porte, etc. Autre précaution utile : ne placez aucun meuble sous les fenêtres afin d'éviter les accidents en cas d'escalade.

Si cela est possible, organisez la chambre en quatre espaces distincts : un espace pour dormir, un coin pour changer votre bébé, lui faire sa toilette et l'habiller, un endroit pour le nourrir et un espace pour jouer. Bien sûr, le coin toilette peut se trouver dans la salle de bain et vous pouvez nourrir votre bébé dans votre chambre ou dans le salon. Le coin jeu peut également se trouver ailleurs que dans la chambre.

Les indispensables

Le lit sera placé à l'abri des courants d'air. Pour vous aider à trouver un bon emplacement, n'hésitez pas à vous coucher à l'endroit où vous pensez le mettre. Vous pourrez ainsi mieux vous rendre compte de la lumière du jour ou des éclairages que votre bébé aura sur son visage. Vous découvrirez aussi ce qu'il verra lorsqu'il se réveillera.

Petit plus

Les premiers jours, vous pouvez installer le couffin ou la nacelle du landau sur le matelas du lit-cage. Ainsi installé, votre nouveau-né se sentira entouré et en

Le berceau ainsi que le berceau « cododo » (berceau ouvert d'un côté, permettant ainsi de l'accoler à votre propre lit) peuvent convenir jusqu'à 6 mois, c'est-à-dire jusqu'au moment où votre bébé essayera de s'asseoir seul. En cas de cododo, veillez à ce que le matelas du berceau soit au même niveau que le vôtre. Les barreaux de ces berceaux ne doivent pas être écartés de plus de 6 cm.

Lit cododo

Le lit-cage peut quant à lui convenir jusqu'à 3 ans. Ici également, il faut le choisir avec des barreaux espacés de moins de 6 cm. Il en existe avec un fond mobile permettant d'adapter la hauteur du lit. Par ailleurs, pour les sorties occasionnelles, il existe des lits de voyages pliables et transportables.

Pour chaque modèle de lit ou de berceau, veillez à ce que le tour de lit soit fixé correctement en plaçant les attaches à l'extérieur du lit afin d'éviter tout danger. Contrôlez également les dimensions du matelas, qui doivent être strictement adaptées à celles du lit. Le matelas doit être ferme afin d'éviter un risque d'étouffement. Il sera recouvert d'une alaise en coton épais puis d'un drap clair, ceux-ci étant plus propices à la détente et au sommeil que les draps de couleurs vives. Par-dessus, vous pouvez mettre un drap de coton plus petit (60 x 80 cm) qui sera plus facile à changer. Prévoyez tous ces draps en nombre suffisant pour pouvoir les changer régulièrement sans trop enchaîner les lessives.

Pour écarter un risque de mort subite du nourrisson, l'utilisation de l'oreiller et de la couette sont à proscrire jusque 18 mois, car le bébé est sujet à l'hyperthermie (puisqu'il ne régule pas encore sa température corporelle) et risque de s'étouffer en glissant dessous sans avoir la possibilité de se dégager. Préférez l'usage de la turbulette (sorte de sac de couchage matelassé, lavable, dont le haut dégage les épaules) ou d'un surpyjama (combinaison à enfiler par-dessus le pyjama). En cas d'utilisation d'une couverture, celle-ci ne doit jamais border le lit.

Surpyjama

Pour compléter le coin dodo, prévoyez une lampe de chevet et installez un mobile au-dessus du lit, à une trentaine de centimètres des yeux de votre nouveau-né, car son champ visuel est limité à la naissance.

Vous aurez également besoin d'un babyphone. Le choix du modèle dépendra de vos besoins : il en existe de plus ou moins grands et plus ou moins faciles à transporter ; certains sont à mettre sur secteur, d'autres fonctionnent avec des piles ou une batterie rechargeable ; vous trouve-

rez des modèles audio ou vidéo ; les indicateurs peuvent
être sonores et/ou lumineux, etc. Placez de préférence le
babyphone à un mètre du lit, voire plus loin, et choisissez
un modèle à basse fréquence ou à faible puissance pour que
votre enfant reçoive le moins d'ondes électromagnétiques
possible. Ne vous reposez pas complètement sur cet appa-
reil, qui peut tomber en panne ou être mal réglé, et restez
toujours vigilant. Bien entendu, pensez à l'éteindre quand
vous ne l'utilisez pas.

QUAND BÉBÉ SERA LÀ

- Couchez-le toujours sur le dos. Pourquoi ? Parce
  que cette position facilite la respiration, aide le
  petit à réguler sa température, et empêche certains cas d'asphyxie (voies respiratoires obstruées
  par le matelas ou par le bord du lit par exemple).
- Évitez la présence de peluches, jeux et objets à
  cordelettes comme les bavoirs, attache-sucette,
  boîte à musique dans le lit.
- Aérez la chambre quotidiennement, même en
  hiver : à condition de créer un courant d'air, une
  à trois minutes suffisent pour améliorer la qualité
  de l'air.
- Aspirez régulièrement le matelas afin de réduire la
  présence d'acariens.
- Par principe de précaution, évitez un maximum
  d'exposer votre nouveau-né aux ondes (GSM,
  WiFi, babyphone) car, à l'heure actuelle, les avis
  des spécialistes divergent encore quant à leur
  possible nocivité.

Ce n'est que progressivement que votre bébé va découvrir l'alternance jour/nuit. Pour l'y aider, faites-le dormir en journée avec une lumière tamisée et dans le noir durant la nuit.

LE COIN TOILETTE

Le change et le bain

Il existe des tables à langer combinées à une petite baignoire, que vous pouvez poser sur votre propre baignoire, fixer au mur, etc. Prenez-en une qui soit à bonne hauteur pour votre confort, de préférence avec des rebords pour plus de sécurité, et respectez les consignes du fabricant. Pensez à bloquer les roulettes lors de l'utilisation si la table en est munie ! Vous pouvez aussi installer un matelas à langer couvert d'une serviette éponge sur une table bien stable ou une commode.

La table à langer doit vous permettre d'avoir tout ce qui est nécessaire à portée de mains sans risquer de lâcher votre enfant. Prévoyez ainsi une petite poubelle avec un couvercle à pédale, ainsi que des sacs adaptés, et faites une provision de couches suffisante, à placer si possible sous la table à langer. Par ailleurs, un panier pour le linge sale vous sera bien utile. Tout à côté de la table à langer, ou au-dessus, sur une étagère, placez dans une corbeille quelques objets de toilette.

Check-list du coin toilette
Thermomètre de bain
Thermomètre corporel
Petite éponge naturelle ou gant de toilette
Savon et shampooing doux pour bébé
Brosse à cheveux en soie
Crème hydratante et apaisante pour ses fesses irritées
Huile d'amande douce
Coton hydrophile prédécoupé
Sérum physiologique pour nettoyer les yeux et le nez (il existe de petites flapules unidoses bien pratiques)
Ciseaux à ongles
Lait corporel spécial bébé (éventuellement)

Pour la petite baignoire de votre progéniture, préférez un modèle en polypropylène ou en matière recyclée qui minimise les polluants. Choisissez-la en fonction de la place disponible dans votre logement (baignoire posée sur la baignoire adulte, table à langer avec baignoire, etc.). Respectez à chaque fois les consignes de sécurité. Les baignoires gonflantes ou pliantes ne doivent être utilisées qu'occasionnellement (en voyage par exemple), car elles sont instables, difficiles à vider et difficiles à sécher, ce qui favorise le risque de moisissures. Vous pouvez aussi tout à fait utiliser la baignoire adulte pour faire la toilette de bébé, bien que cela soit moins confortable pour vous. Dans ce cas, placez-y un tapis de bain antidérapant pour que votre bébé ne glisse pas.

- Vérifiez toujours la température de l'eau avant de baigner votre nouveau-né, soit avec un thermomètre de bain, soit en y plongeant votre coude.
- Ne laissez jamais votre enfant seul sans surveillance.
- Nettoyez bien tout le matériel de bain pour éviter le développement de moisissures (jeux, tapis antidérapant, baignoire, tuyaux d'évacuation).

La garde-robe

Pour ranger les vêtements, choisissez une armoire ou une commode dont les tiroirs s'ouvrent facilement. Rangez-y des couches et une petite sélection de vêtements. Pour plus de sécurité, pensez à obturer le bas de la commode pour que votre enfant n'aille pas se coincer en dessous quand il commencera à ramper. Choisissez des vêtements confortables, faciles à enfiler, dans des matières souples et naturelles. Prévoyez qu'il vous faudra changer votre nouveau-né plusieurs fois par jour, car il peut recracher du lait, mouiller ou souiller ses vêtements, etc. Ceci dit, gardez à l'esprit qu'il est inutile d'acheter trop de vêtements dits « premier âge », car votre bébé va grandir et grossir très vite.

<table>
<tr><th colspan="2">Check-list des premiers vêtements</th></tr>
<tr><td></td><td>6 à 8 brassières en coton qui se croisent dans le dos ou sur le ventre avec les culottes assorties ou 6 à 8 bodies en coton ouverts entre les jambes (bien pratiques, car le nouveau-né ne se retrouve pas le ventre à l'air)</td></tr>
<tr><td></td><td>4 ou 5 pantalons</td></tr>
<tr><td></td><td>6 à 8 T-shirts (à manches courtes ou longues selon la saison de sa naissance) ou brassières (en laine ou autre matière naturelle suivant la saison)</td></tr>
<tr><td></td><td>6 à 8 pyjamas ou grenouillères de type combinaison en velours éponge avec des pieds</td></tr>
<tr><td></td><td>Quelques paires de chaussettes et chaussons, car un nouveau-né a vite froid aux pieds</td></tr>
<tr><td></td><td>1 ou 2 cardigans plus ou moins chauds suivant la saison</td></tr>
<tr><td></td><td>1 bonnet et 1 combinaison pour les premières sorties, en la choisissant légère et avec un système d'ouverture facile</td></tr>
</table>

LE TEMPS DES REPAS

Choisissez un fauteuil où vous vous sentez bien pour allaiter ou donner le biberon à votre nourrisson et prévoyez, tout près, une petite table avec une boîte de mouchoirs. Vous pouvez également vous installer dans une chaise hamac suspendue au plafond. Elle vous bercera, tout comme elle apaisera votre bébé qui y retrouvera les sensations de la position fœtale.

Même si vous comptez allaiter, prévoyez tout de même deux ou trois biberons : ils vous serviront alors pour donner de l'eau à votre nourrisson. Si vous ne donnez pas le sein, comptez-en huit.

Il en existe différents modèles, mais le biberon idéal sera, au final, celui que votre enfant préférera ! Au niveau de la matière, les biberons en verre sont préférables pour les nouveau-nés, car ils n'exposent pas les enfants aux substances chimiques que l'on retrouve parfois dans les biberons en plastique. Ces derniers, plus légers et incassables, seront quant à eux plus faciles à tenir par votre enfant lorsqu'il sera plus grand.

Les tétines pourront être en silicone ou en caoutchouc. À l'usage cependant, les premières durcissent, les secondes deviennent collantes ; pensez donc à les renouveler régulièrement. Changez d'ailleurs les biberons dès qu'ils présentent des signes d'usure.

En parallèle, le tire-lait est parfois nécessaire pour soulager la tension des seins ou extraire du lait, par exemple en cas d'hospitalisation du nouveau-né. Il en existe des modèles manuels pour usage occasionnel et d'autres, électriques, pour usage plus fréquent. Bien souvent, ceux-ci peuvent être loués à la maternité, en pharmacie ou à la mutuelle. Pour bien utiliser le tire-lait, laissez-vous conseiller par une infirmière ou un autre spécialiste de l'allaitement.

Enfin, prévoyez également une dizaine de bavoirs au moins, ainsi qu'un chauffe-biberon (à moins que vous ne décidiez d'utiliser le four micro-ondes). N'oubliez pas de vérifier à chaque fois la température du lait avant de le donner à votre enfant. Selon nous, le stérilisateur n'est pas du tout indispensable si vous nettoyez bien les biberons après chaque usage à l'aide de goupillons adaptés ; si vous en souhaitez un, suivez toujours bien le mode d'emploi. La stérilisation à froid est par ailleurs très facile à réaliser à partir de pastilles vendues en pharmacie à diluer dans de l'eau froide.

BON À SAVOIR

Ne prévoyez pas de réserve de lait, car c'est le pédiatre qui vous recommandera le type de lait qui conviendra à votre nourrisson.

L'ESPACE POUR JOUER ET EXPLORER

Préparez un endroit où votre nouveau-né aura envie de passer du temps tout seul tout en découvrant son environnement, et qui éveillera sa curiosité en toute sécurité. Cet espace d'exploration devra pouvoir s'adapter au développement de votre enfant et devra évidemment vous permettre de garder un œil sur lui. Installez-y trois ou quatre jeux maximum, car il est inutile de lui en proposer trop à la fois. Choisissez un tapis à mettre au sol qui délimitera son espace, face à un miroir qui pourra lui donner une vision globale de la pièce et lui renverra son image. Prévoyez une étagère basse ou un panier au sol où vous rangerez les jeux et qu'il pourra atteindre quand il sera plus grand afin de recommencer l'activité seul.

Le parc offre au nouveau-né un espace de jeu sécurisé tout en l'isolant du froid du sol et en le protégeant des animaux domestiques. Certains parcs ont un fond réglable en hauteur que vous pourrez adapter suivant le stade de développement de votre bébé. Dans tous les cas, veillez à choisir un parc dont l'espace entre les barreaux se situe entre 4,5 et 6,5 cm.

Le relax ne doit être utilisé que pour de courtes périodes, car le nouveau-né ne peut pas s'y mouvoir librement. Attachez toujours votre bébé, l'idéal étant de disposer d'un harnais muni d'une sangle d'entre-jambes qui lui évite de glisser vers le bas. Ne posez jamais le relax en hauteur (comme sur une table), car en cas de mouvements brusques, il risque de tomber, et votre précieuse progéniture avec lui...

Le pouf spécial bébé est un objet bien confortable pour le tout petit, mais à n'utiliser que pour de courtes durées (10 minutes environ), car il ne lui permet pas de bouger comme il le souhaite.

Le bébé a besoin d'être laissé un maximum au sol, sur le dos ou sur le ventre, pour pouvoir bouger librement, le mouvement étant vraiment essentiel à son développement. Trop de temps passé dans un transat, un pouf ou même un trotteur l'en empêcherait. L'usage du siège-auto doit également être limité aux déplacements en voiture, car il limite les mouvements de la tête du nourrisson et peut favoriser l'apparition d'un crâne plat.

De même, évitez de laisser trop longtemps votre bébé dans un parc, car cela l'empêche d'explorer l'espace à son aise.

Au niveau des jeux, pour le premier mois, préférez des objets avec un contraste noir et blanc plutôt que de diverses couleurs, car votre nouveau-né ne les différencie pas encore. Les mobiles font partie des tout premiers jeux que l'on peut proposer au bébé. Le modèle le plus adapté aux tout-petits, à utiliser vers l'âge de 3 semaines, est le mobile de Munari, un mobile avec une boule en verre et des formes géométriques noires et blanches, que vous pouvez même réaliser vous-même. Vers 6 semaines, vous pourrez offrir à votre enfant un mobile avec les trois couleurs primaires.

Choisissez également des jeux premier âge qui produisent des sons et de la musique, afin d'éveiller les sens de votre enfant.

Le mobile de Munari

LA PROMENADE

Pour emmener votre tout-petit prendre l'air, vous serez amenée à vous munir d'une poussette. Il existe évidemment une foule de modèles différents, mais veillez, en fonction de votre budget, à ce qu'elle dispose de toutes les fonctions dont vous pourriez avoir besoin : espace de rangement, possibilité de l'installer dans le coffre de la voiture, déplacements facilités dans les transports en commun, promenades en campagne ou sur des trottoirs pas très larges, etc. Vérifiez sa maniabilité, le confort de l'enfant, la possibilité ou non d'inclinaison du dossier, la facilité plus ou moins grande de replier le châssis, etc. Prévoyez par ailleurs les accessoires adéquats suivant la météo : parasol par temps chaud, protection de pluie, moustiquaire en été, chancelière (sac fourré dans lequel glisser bébé) par temps froid.

Le porte-bébé ou l'écharpe de portage, dont l'utilisation est de plus en plus recommandée pour les bienfaits que le portage procure au bébé, peuvent également convenir pour la balade. Dans tous les cas, il vous faudra respecter les normes de poids des différents modèles, surveiller la bonne position et le bon maintien du nouveau-né. L'idéal pour bien apprendre à les utiliser est de participer à des séances d'information.

Il vous faudra aussi prévoir de quoi le transporter en voiture. Légalement, il est obligatoire de faire voyager les enfants dans un système de retenue. Dans tous les cas, quel que soit le type de siège-auto (ou lit-auto) choisi, il doit être homologué aux normes européennes. Avant tout, le type de siège doit être adapté à la taille et au poids de l'enfant. C'est pour cela que les sièges-autos sont classés en groupes (par exemple le groupe 0+ conviendra à un nouveau-né de la naissance à 13 kg) et qu'il est impératif de bien les respecter. Le siège doit pouvoir être fixé correctement dans la voiture, et l'enfant doit y être attaché en respectant le mode d'emploi.

Il existe deux types de systèmes : IsoFix et I-Size qui ne sont pas obligatoires mais qui, par rapport aux sièges qu'on attache simplement à l'aide de la ceinture, offrent une sécurité supplémentaire : le système IsoFix permet d'installer le siège-auto directement à la structure de la voiture, tandis que le système I-Size permet d'installer le bébé à l'avant du véhicule en position dos à la route. Il convient jusqu'à 15 mois et offre une protection maximale.

Avant l'achat, soupesez le siège, car vous devrez le transporter régulièrement et le poids de l'enfant ajouté à celui du siège devient parfois très lourd !

QUAND BÉBÉ SERA LÀ

Le plus sûr est d'installer le siège-auto à l'arrière au milieu, car l'enfant court moins de risques en cas d'accident, principalement en cas de choc latéral. Il faut cependant que la banquette arrière possède un système de fixation adéquat. Par ailleurs, il s'agit de la place la plus difficile d'accès, ce qui peut rebuter à l'heure d'y placer votre trésor à bout de bras...

Il est permis d'installer le nouveau-né à l'avant de la

voiture s'il y est bien attaché et si l'airbag passager est désactivé.

Veillez à toujours placer les sangles du siège bien à plat et tendues sur le corps de votre enfant. Il ne faut pas plus d'un doigt de jeu. Il en va de même avec un lit-auto où le bébé doit être attaché dans la nacelle.

UNE NOUVELLE VIE À TROIS

LA NAISSANCE

Vos contractions apparaissent régulièrement avec un rythme soutenu pendant au moins une heure, vous avez perdu les eaux ? Il est de temps de vous rendre à l'hôpital.

Lors de votre entrée à la maternité, vous serez examinée par l'obstétricien ou une sage-femme. Un monitoring vous sera posé. Selon les résultats, c'est eux qui décideront de vous garder ou pas. Si le travail commence, vous serez installée dans une chambre. Une anesthésie péridurale vous sera proposée. En règle générale, une personne (que ce soit le conjoint ou un proche) peut rester auprès de la future maman, et ce jusqu'à l'accouchement.

PETIT PLUS

Beaucoup de futurs papas se passeraient bien d'assister à l'accouchement, car ils le perçoivent comme une épreuve traumatisante, violente où ils se sentent inutiles et impuissants pour soulager la douleur de leur compagne. Le fait d'assister ou non à la naissance doit donc être un choix libre et réfléchi. Pour aider un futur père à surmonter ses appréhensions, il est conseillé qu'il accompagne sa conjointe aux séances de préparation à l'accouchement.

Quand le col est à dilatation complète, le grand moment de la naissance est arrivé. Vous serez alors amenée en salle d'accouchement et on vous demandera de pousser à chaque contraction. Voilà enfin bébé ! Le cordon ombilical est coupé et bien souvent votre nouveau-né sera déposé sur votre ventre pour un premier contact peau à peau, moment précieux qui permet au nouveau-né de ressentir certaines sensations qu'il percevait quand il était dans votre ventre (le battement de votre cœur, votre chaleur corporelle, le bercement, etc.) et lui offre ainsi de vivre en douceur et de façon rassurante son arrivée dans le monde extérieur. Ensuite, le placenta se décolle et est expulsé : c'est la délivrance.

Après l'accouchement, la sage-femme emportera votre bébé pour un premier examen (évaluation de la tonicité, de la respiration, du rythme cardiaque, de la coloration de la peau, des réflexes). Ensuite, généralement une première mise au sein est proposée à la maman.

L'IMPORTANCE DES PREMIERS LIENS

Dans les premiers jours, semaines et mois après l'arrivée de bébé, vous allez créer ce que l'on appelle un « style d'attachement » avec lui, en fonction de la façon dont vous lui parlerez, le regarderez ou répondrez à ses signaux.

Ces échanges verbaux et non verbaux avec la maman et le papa favorisent le développement dit « sécure » (c'est-à-dire que ces échanges développent chez lui un fort sentiment de sécurité) de votre bébé. Soyez donc bien attentifs à lui, car les bébés ressentent très fortement les émotions extérieures et comprennent très tôt ce que vous leur dites.

Vous resterez probablement trois ou quatre jours à la maternité, parfois plus longtemps, comme en cas de césarienne. Votre bébé sera vu quotidiennement par un pédiatre et vous pourrez aussi bénéficier de soins. Ce séjour vous permettra de découvrir votre enfant ; vous pourrez demander conseil pour les soins à lui donner, la façon de l'allaiter, etc. Essayez de vous reposer avant le retour à la maison. Limitez les visites.

BIENVENUE À LA MAISON

Vous voilà de retour à votre domicile. Un peu fatigués, la tête pleine de questions, votre conjoint et vous vous demandez comment vous allez vous en sortir avec ce bébé qui pleure et qui est né sans mode d'emploi. Rassurez-vous, il n'y a pas de parents infaillibles et, petit à petit, vous vous sentirez de plus en plus à l'aise dans vos rôles de maman et de papa. Vous apprendrez à connaître votre nouveau-né, à interpréter ses besoins, ses envies, son caractère.

LES MAÎTRES MOTS : ORGANISATION ET REPOS !

- Partagez-vous les tâches avec votre conjoint et n'hésitez pas à demander de l'aide à vos proches pour les courses indispensables, le ménage, les lessives, les repas, etc. Vos parents seront probablement plus que ravis de vous soutenir !

- Essayez de vous mettre au rythme de votre bébé en faisant une sieste quand il dort.
- Simplifiez-vous la vie en minimisant les tâches ménagères.
- Limitez les visites si elles vous épuisent.

L'arrivée d'un nouvel enfant modifie la dynamique du couple. Le bébé occupe une place centrale dans la famille et requiert beaucoup d'attention et de soins les premières semaines. Dès lors, les moments d'intimité au sein du couple se font plus rares. Même si le futur père s'est investi pendant la grossesse, en préparant la chambre, en assistant aux échographies et aux séances de préparation à l'accouchement, et même s'il a pu sentir bouger le futur bébé, c'est seulement au moment de la naissance qu'il découvre vraiment son enfant, alors que sa compagne a déjà tout un vécu commun avec lui. Lui aussi a des appréhensions et se pose des questions. Le congé de paternité lui permettra de découvrir sa progéniture et d'épauler sa compagne. Pour que tout se passe bien, il faut que chacun n'hésite pas à parler de ses attentes, de ses possibilités d'implication et que les deux dans le couple soient attentifs aux besoins de l'autre. Il est également primordial de préserver des moments à deux où l'on peut se retrouver, se détendre, sortir, etc.

LA REPRISE DU TRAVAIL

Très tôt durant votre grossesse, il vous faudra choisir un mode de garde pour votre nouveau-né. Parlez-en autour de vous ; d'autres parents pourront vous conseiller. Choisissez un milieu d'accueil près de votre domicile, avec des horaires compatibles aux vôtres. Rencontrez les personnes qui s'occuperont de votre bébé, lisez le projet d'accueil et le règlement. Vérifiez que la crèche ou la maison d'accueil est bien agréée. Préférez l'endroit où vous serez bien accueillie et où on vous montrera tout. Inscrivez votre enfant sur une liste d'attente dès le quatrième mois de grossesse.

Quand vous retournerez travailler, une petite période d'adaptation sera nécessaire (et peut-être principalement pour vous). Ne dramatisez surtout pas. N'oubliez pas que votre bébé perçoit vos émotions. La reprise du travail est un moment normal dans votre vie et doit être ressentie ainsi.

Ayez confiance en la personne qui accueillera votre enfant. Laissez votre bébé expérimenter autre chose. Parlez-lui et n'hésitez pas à lui dire que vous êtes malheureuse de le laisser quelques heures. N'oubliez pas de lui dire au revoir. Le soir, quand vous allez le rechercher, dites-lui votre bonheur de pouvoir le reprendre et laissez-lui le temps de retrouver ses repères dans le logement. Gardez auprès de votre bébé son doudou qu'il emportera avec lui et qui servira de lien entre la maison et le milieu d'accueil. Si la séparation est un peu difficile, le fait de lui donner un linge que vous aurez porté (comme un foulard, par exemple) pourra le rassurer.

BON À SAVOIR

Comme expliqué précédemment, les bébés comprennent dès leur naissance ce que vous leur racontez. Leur parler est primordial ; n'hésitez donc pas à expliquer à votre nourrisson ce que vous êtes en train de faire (le bain, le biberon, le change, les repas, la crèche, qui viendra le chercher le soir, etc.). Ces échanges le rassurent et permettront de mettre en place un sentiment de sécurité malgré la séparation.

FAQ

QUAND ANNONCER SA GROSSESSE À SON EMPLOYEUR ?

Dès qu'une salariée sait qu'elle est enceinte, elle a tout intérêt à prévenir son employeur, car différentes mesures de protection légales se mettront en place dès ce moment afin de préserver sa santé et celle de son bébé à naître, tout en lui garantissant de bonnes conditions de travail.

Pour informer son employeur, la future maman pourra lui remettre un certificat médical (mentionnant sa grossesse et la date prévue du terme) par lettre recommandée, ou elle le lui remettra en mains propres en lui demandant un accusé de réception.

À partir de ce moment, seront en vigueur :

- la possibilité de se rendre aux examens médicaux prénataux qui ne peuvent avoir lieu en dehors des heures de travail ;
- une période de protection spéciale contre le licenciement qui s'appliquera jusqu'à un mois après le congé postnatal ;
- sauf quelques exceptions, une interdiction d'effectuer des heures supplémentaires ;
- une interdiction de travail de nuit pendant une période de huit semaines précédant la date présumée de l'accouchement ;
- une évaluation du risque encouru par la travailleuse enceinte ; ce qui permettra, si nécessaire, d'adapter les

conditions de travail (comme un changement de poste, par exemple) ou du temps de travail, voire de suspendre l'exécution du contrat de travail.

COMMENT CHOISIR SON PÉDIATRE ?

Le pédiatre est le médecin spécialiste de l'enfance et de la petite enfance. Dans certaines maternités, sa présence sera demandée à l'accouchement. Il vous faut donc y penser pendant la grossesse. Pour le choisir, posez-vous quelques questions :

* Souhaitez-vous qu'il soit attaché à un hôpital de votre région ?
* Préférez-vous un homme ou une femme ?
* Son âge a-t-il de l'importance pour vous ?
* Désirez-vous un pédiatre qui pratique une médecine parallèle, comme l'homéopathie ?

Interrogez vos connaissances, car le bouche-à-oreille reste ce qui fonctionne le mieux pour trouver un bon pédiatre. Parlez-en notamment à votre médecin traitant qui pourra aussi vous conseiller. Par ailleurs, votre généraliste pourra également s'occuper de votre nouveau-né. Outre les compétences médicales, quelques critères sont à prendre en considération.

* Choisissez un pédiatre pas trop loin de chez vous afin d'éviter de longs déplacements à votre bébé, car vous devrez vous y rendre certainement une fois par mois pendant la première année.
* Vérifiez la disponibilité du pédiatre :

- le temps nécessaire pour avoir un rendez-vous ;
  - le temps d'attente avant la consultation ;
  - la possibilité de prendre votre enfant en urgence.
- Les qualités humaines du pédiatre sont très importantes, que ce soit dans ses relations avec les parents ou dans son comportement avec le nouveau-né. Un climat de confiance est primordial, car le pédiatre devra non seulement être soucieux de la santé de votre enfant et attentif à son développement, mais il devra également être à l'écoute de vos propres inquiétudes.

En Belgique, l'ONE (Office de la Naissance et de l'Enfance) organise des consultations gratuites pour les enfants de 0 à 6 ans. Celles-ci n'ont pas pour but de soigner les enfants malades, mais elles permettent de promouvoir, de suivre et de préserver la santé et le développement harmonieux de l'enfant. Elles sont assurées par des pédiatres ou des médecins généralistes qui procéderont aux vaccinations, pesées, détection de troubles tels ceux de l'ouïe ou de la vue. En cas de problème, ils pourront réorienter les parents et répondre aux questions qu'ils se posent.

En France, la PMI (Protection Maternelle et Infantile) remplit un rôle similaire.

QUAND INSCRIRE SON BÉBÉ À LA CRÈCHE ?

Il vaut mieux s'y prendre le plus tôt possible, dès le troisième ou quatrième mois de grossesse, car, bien souvent, la demande est supérieure à l'offre de places.

Sachez que l'inscription n'est pas une admission : le bébé

à naître est mis sur une liste d'attente. N'hésitez pas à recontacter régulièrement (par exemple, une fois par mois) la crèche pour confirmer l'inscription et votre motivation. L'admission ne se fera que lorsqu'une place se libérera et que votre enfant sera apte à aller à la crèche (en ordre de vaccins, etc.).

COMMENT SURMONTER LE BABY BLUES ?

Trois-quatre jours après l'accouchement, alors que vous pensiez vivre un grand bonheur, vous vous sentez triste et pleurez sans raison apparente, vous êtes irritable, vous vous sentez débordée, incompétente... C'est le baby blues. Il est si fréquent qu'il est considéré comme normal. Il est dû à la fatigue, conjuguée à une baisse brutale des hormones après l'accouchement dans un contexte émotionnel fort. Généralement, il ne dure pas plus de 15 jours.

- Ne restez pas seule, demandez de l'aide sans culpabiliser : faites-vous aider par votre conjoint, votre famille ou vos amis qui pourront vous permettre de vous reposer en préparant l'un ou l'autre repas, en faisant vos courses ou en réalisant l'une ou l'autre tâche ménagère.
- Osez en parler. Acceptez de craquer et de pleurer. Exprimez vos sentiments.
- Mettez-vous au même rythme que votre nouveau-né. Profitez de ce qu'il dort pour vous reposer. Respectez vos limites.
- Limitez les visites qui vous fatiguent.
- Prenez confiance : dites-vous que vous avez le droit d'hésiter et de tâtonner avec ce bébé que vous découvrez ;

être parent n'est pas inné. Vous trouverez rapidement les bons gestes pour vous occuper de votre bébé.

- Le yoga, la relaxation, la sophrologie peuvent vous aider.

Si le baby blues persiste au-delà de 15 jours à trois semaines, parlez-en à votre médecin, car 10 à 20 % des mamans développent une dépression postnatale dont le traitement est alors médicamenteux et psychologique.

COMMENT M'ORGANISER SI J'AI DES JUMEAUX ?

Pas un, mais deux bébés à gérer ! Comment s'y prendre ? La clé, toujours la même, est l'organisation.

- Prévoyez le matériel en double. Pour la promenade, il existe des poussettes et des landaus doubles. Constituez de gros stocks de langes, de vêtements et de biberons. Optez pour deux jeux de biberons de couleurs différentes qui vous permettront de savoir vite ce que chacun des nourrissons a pris.
- L'utilisation d'un carnet ou d'un tableau où vous inscrirez une check-list peut être une aide précieuse afin de vous souvenir de qui a eu quoi et à quelle heure (tétées, médicaments...) surtout en cas de fatigue, quand on peut oublier facilement. Aujourd'hui, il existe également des applications très utiles, comme Baby Care, Baby Manager ou Nestlé bébé.
- Calquez autant que possible votre rythme sur celui de vos enfants afin de pouvoir vous reposer entre deux coups de feu.

- L'implication des deux parents est indispensable, que ce soit pour les soins à apporter aux bébés ou les tâches domestiques. Mais n'oubliez pas de préserver du temps pour vous et votre couple, car la frénésie de votre quotidien peut vous faire oublier votre conjoint et dévorer votre intimité.
- Si vous avez de vrais jumeaux et que vous avez peur de les confondre, mettez un peu de vernis à ongles sur les orteils d'un des deux. Mais rassurez-vous, très rapidement vous parviendrez à les distinguer.
- Si vous êtes deux à nourrir les bébés, veillez à le faire pour chacun des nourrissons une fois sur deux, car ils ont tous les deux besoin du contact maternel lors de l'alimentation.
- Si vous allaitez vos enfants et qu'ils ont faim en même temps, faites attendre celui qui semble le plus patient ; mais sachez que certaines mères arrivent à les allaiter tous les deux en même temps.
- Pour le change et la toilette par contre, n'essayez pas de faire tout en même temps. Occupez-vous d'un enfant puis de l'autre.
- Si vos nouveau-nés pleurent tous les deux au même moment, ne paniquez pas et ne culpabilisez pas, vos nourrissons apprendront vite à patienter.

Sachez qu'en Belgique, en cas de grossesse gémellaire, la maman a droit à un congé de maternité plus long. Il en va de même si l'un de vos enfants doit être hospitalisé pendant plus d'une semaine. En France, la législation est un peu différente. La durée du congé de maternité est variable suivant le nombre d'enfants déjà à charge. En cas d'hospitalisation du nouveau-né, la maman peut fractionner son congé de maternité en reprenant le travail et en reportant la fin de son congé au moment de la sortie du bébé de l'hôpital. Il existe également des solutions de soutien, souvent subventionnées, comme une aide familiale à domicile ou des associations d'aide en cas de grossesse multiple. N'hésitez pas à vous renseigner et à faire appel à elles.

QUE SE PASSERA-T-IL SI MON BÉBÉ EST PRÉMATURÉ ?

Si votre bébé est né avant 37 semaines de grossesse, il est considéré comme prématuré. En cas de grande prématurité, la présence d'un pédiatre est demandée à l'accouchement afin qu'il puisse prendre en charge le nouveau-né dès la naissance. Le bébé prématuré sera alors transféré dans un service de néonatalogie où il sera mis en couveuse sous surveillance. Si l'immaturité du nouveau-né est trop grande, il aura besoin d'un respirateur, sera nourri par sonde gastrique ou par voie intraveineuse, sera placé sous monitoring cardiaque et mis sous lampe en cas d'ictère (jaunisse) du nouveau-né. Bien sûr, vous pourrez lui rendre visite et le prendre dans vos bras dès que possible. En attendant, n'hésitez pas à lui parler, le toucher, lui offrir un doudou ou un mouchoir portant votre odeur. Si vous le souhaitez, apportez-lui du lait maternel.

Beaucoup de bébés prématurés peuvent quitter l'hôpital plus ou moins à la date du terme prévue initialement. Si votre enfant est considéré comme grand prématuré, il continuera d'être suivi régulièrement par un pédiatre hospitalier afin de pouvoir établir des bilans qui permettront de déceler un éventuel retard psychomoteur, une difficulté sensorielle, etc.

QUELS SONT LES VACCINS OBLIGATOIRES POUR LES BÉBÉS ?

Le principe des vaccins est d'introduire dans l'organisme un agent extérieur (l'antigène) qui stimulera la production d'anticorps lui permettant de se protéger d'une infection sans causer la maladie pour autant. Les vaccins offrent également une protection collective, car plus la vaccination est généralisée, moins le microbe risque de se propager.

Le seul vaccin obligatoire pour tous, en Belgique, est celui contre la poliomyélite, pour lequel vous devrez remettre à la commune un certificat mentionnant les dates de vaccination. En France sont obligatoires les vaccins contre la diphtérie, la poliomyélite, le tétanos et, pour ceux résidant en Guyane, la fièvre jaune. Dans tous les cas, les autres vaccins sont vivement recommandés.

Si votre enfant séjourne dans un milieu d'accueil avant l'âge de 3 ans, il devra être vacciné contre la polio, la diphtérie, la coqueluche, la méningite à haemophilus b, la rougeole, la rubéole et les oreillons.

Votre nouveau-né recevra ainsi son premier vaccin dès l'âge de 2 mois et suivra le calendrier vaccinal recommandé par votre pédiatre.

COMMENT PRÉPARER LES FRÈRES ET SŒURS À L'ARRIVÉE DE BÉBÉ ?

Pour annoncer votre nouvelle grossesse à votre plus grand – à partir du quatrième mois –, expliquez-lui par des mots simples, dans un moment d'intimité, l'arrivée d'un petit frère ou d'une petite sœur. Racontez-lui que lui aussi a été là dans le ventre de maman. Si vous avez des photos d'échographies de cette époque, montrez-les-lui, ainsi que des photos où il était nouveau-né. Dans sa tête en effet, un petit frère ou une petite sœur signifie un compagnon de jeu ; il lui est difficile d'imaginer ce qu'est un bébé. Il existe aussi de jolis livres expliquant la grossesse aux enfants que vous pouvez feuilleter ensemble.

Dites-lui bien que cette naissance aura des conséquences sur toute sa vie, sans trop l'effrayer non plus. Témoignez-lui votre affection par des câlins, car il réalisera vite que vous n'êtes plus totalement à lui comme auparavant. Laissez-le participer à la décoration de la chambre, au choix de la layette (ensemble du linge de bébé), etc. Plus il se sentira impliqué, moins il pourra ressentir de jalousie. Aidez-le à exprimer toutes ces émotions et acceptez-les, même si c'est dur pour vous d'entendre certains propos. C'est ce que ressent votre enfant.

Une phase de jalousie est naturelle. Elle peut se manifester dès la grossesse ou même plusieurs semaines après la naissance. Dans ce cas, c'est aux parents d'aider leur aîné à franchir le cap. Il ne sert à rien de le gronder et de le culpabiliser, car l'enfant se trouve en pleine détresse et il a besoin d'être rassuré et de se sentir aimé. Dites-lui qu'il a le droit de ne pas aimer ce nouveau-né qu'il ne connaît pas encore, mais que maman et papa l'aiment toujours tout autant et qu'ils ont un cœur assez grand pour tous leurs enfants. Lors de l'accouchement, il est important qu'il puisse venir vous voir ainsi que votre nouveau-né le plus tôt possible pour qu'il n'ait pas le sentiment d'être exclu. Durant cette période, il tissera des liens privilégiés avec son père qui le feront accéder au statut de « grand » et que vous confirmerez en lui témoignant votre confiance en lui (en le laissant porter le bébé dans ses bras – sous surveillance discrète –, en le laissant vous aider pour les soins au bébé, etc.).

Gardez du temps pour votre aîné sans qu'il soit question du nourrisson lors de vos activités ensemble. Essayez de faire quelques activités exclusivement avec lui (jouer, lire, l'emmener au cinéma, à la piscine, faire une balade, du vélo, la cuisine…). Ces petits moments sont essentiels, car ils permettent à l'enfant de se sentir appartenir à la famille, aimé, considéré, et non exclu et mis de côté avec l'arrivée de cet intrus.

COMMENT PRÉPARER SON CHIEN À L'ARRIVÉE DE BÉBÉ ?

Pour que votre chien ne soit pas jaloux et agressif envers votre bébé, il vaut mieux le préparer, surtout s'il s'agit de votre premier enfant et que, jusque-là, l'animal avait toute votre attention.

Avant votre retour de la maternité, faites apporter chaque jour un linge portant l'odeur de votre nourrisson afin que votre chien se familiarise déjà à son odeur. À votre retour, laissez-le s'approcher et flairer votre bébé sous haute surveillance (et avec l'interdiction de le lécher) pour qu'il le reconnaisse tout en lui parlant doucement et en le caressant.

Votre avis nous intéresse !
Laissez un commentaire sur le site de votre librairie en ligne
et partagez vos coups de cœur sur les réseaux sociaux !

POUR ALLER PLUS LOIN

SOURCES BIBLIOGRAPHIQUES

- GEBEROWICZ (Bernard), DEGUEN (Florence), *On attend un nouveau bébé*, Paris, Albin Michel, 2007.
- PARMENTIER (Benoît) (dir.), *Le matériel de bébé, petit guide pour bien choisir*, Bruxelles, ONE, 2015. http://www.one.be/uploads/tx_ttproducts/datasheet/Brochure_materiel_de_bebe_ONE_03.pdf
- MONCEAU (Véronique), *Bébé et moi – L'essentiel de ce qu'il faut savoir pour bien l'attendre, l'accueillir, l'accompagner*, SL, 2012.
- PLACE (Marie-Hélène), *60 activités Montessori pour mon bébé*, Paris, Nathan, 2012.
- PLANIOL (Françoise), RAOUL (Élisabeth), *NEUF MOIS pour préparer sa naissance*, Vanves, Hachette, 1996.
- VAN DER KAA (Dominique), *Comment éveiller votre bébé ?*, Bruxelles, Lemaitre Publishing, 2015.

SOURCES COMPLÉMENTAIRES

- « Parents jumeaux Belgique » in *Jumeaux & co*, consulté le 19 décembre 2016. http://jumeauxandco.com/g-amis-jumeaux/parents-jumeaux-belgique/
- « Protection de la maternité », in *Service public fédéral Emploi, Travail et Concertation Sociale*, consulté le 19 décembre 2016. http://www.emploi.belgique.be/defaultTab.aspx?id=637

Éditeur responsable : Lemaitre Publishing
Avenue de la Couronne 382 | BE-1050 Bruxelles
info@lemaitre-editions.com

ISBN ebook : 978-2-8062-9113-4
ISBN papier : 978-2-8062-9114-1
Dépôt légal : D/2016/12603/860
Photo de couverture : © AntonioDiaz – Fotolia.com

Conception numérique : Primento,
le partenaire numérique des éditeurs.